Decreto para cada Día

Ediciones Giluz
Bienes Lacónica, C.A.
Distribuidora Gilavil, C.A.
2006

Un decreto para cada día

Reimpresión enero de 2006,
5.000 ejemplares. Derechos exclusivos
conforme a la ley reservados para todo el
mundo:
Copyright © 2006 Luz Stella Rozo
Copyright © 2006 EDICIONES GILUZ

Editado por EDICIONES GILUZ
ISBN: 980-369-038-8

DISTRIBUIDORA GILAVIL, C.A.
Apartado Postal 51.467
Caracas 1050, Venezuela.
Tel. ++ 58 (212) 762 49 85
Tel/Fax. ++58 (212) 762 39 48
E-mail: ConnyMendez@Metafisica.Com
www.Metafisica.Com

Diseño y diagramación: Diego Gil Velutini
Portada: Sacha Rodríguez

Impreso en Venezuela por Editorial Torino
Printed in Venezuela

Querida amiga, querido amigo:

Para que obtengas el mejor beneficio de este pequeño libro, es aconsejable que lo abras al azar. Puedes tomar la costumbre de empezar la mañana, abriéndolo en cualquier página para saber desde temprano cuál es el mensaje que te llega en ese día tan especial.

Igualmente lo puedes abrir como si fuera un oráculo, cuando te encuentres angustiado, triste, desorientado, etc. O simplemente, cuando vayas a emprender el trabajo de cada día, o una nueva tarea o actividad. Siempre encontrarás un pensamiento clave que te servirá de gran ayuda, como si alguien muy especial y sabio: Tu Angel, o Tu Maestro Interno, te dieran la respuesta.

Para:

Con mucho cariño y los mejores deseos por que este ejemplar sea de mucha utilidad en tu vida y siempre goces de perfecta salud física y espiritual.

Tu amiga de siempre,

Luz Stella

BENDICE TU HOGAR, Y SERÁ UN HOGAR FELIZ

Acostúmbrate a bendecir. A reemplazar poco a poco, pero ciertamente, las imprecaciones y malas palabras, por bendiciones y alabanzas a Dios.

Desarrolla amor por tu vivienda, aunque sea una habitación alquilada. Dile mentalmente que la amas y le agradeces el refugio que te da. Bendice todos los elementos de que está compuesta tu vivienda: acero, cemento, algodón, madera, vidrio, ladrillo, nailon, lana, etc. Bendice las plantas (matas) de tu casa, imparte instrucciones a la vegetación que comparte tu techo, a fin de que se convierta en tu amiga guardiana y protectora. Bendice todos los adornos que hacen tu vida más feliz. Bendice y agradece a todos los An-

geles que comparten contigo y tu familia esa casa querida. Bendice y agradece por tu familia y quienes comparten ese hogar. Será un hogar feliz.

El Entusiasmo Hace Cosas un Millón Por Ciento Mejor

Cuando hay entusiasmo, o lo que es
lo mismo: ganas, no hay obstáculo que
pueda impedir el avance de tus ideas y
de tus metas. La persona entusiasta
siempre es optimista y triunfadora
porque no tiene flojera y aúna a sus
esfuerzos una gran fe en su obra y en
su persona.

Si Por tu Comodidad, Das Sobornos, ¿Cómo Quieres Que la Administración Pública Sea Transparente?

Sé tú el primero en dar el ejemplo de

lo que pides a los demás. Esa es la mejor forma de arreglar el mundo.

Saber Esperar es un Don, Saber Escoger También

Hay una hora para cada cosa, dice la Biblia. El tiempo no se puede alterar. La paciencia es una virtud de sabios. Todo llega y todo pasa, dice el Eclesiastés. Por eso hay que aprender a esperar y a no desesperar. Aprender también a no desbocarnos y escoger bien sin apresuramientos.

Hoy Podrías Regalar Amor y Compañía a las Personas Que Más lo Necesitan

No solamente en los ancianatos y en los orfelinatos hay gente deseando que alguien vaya a interesarse por ellos. También en tu vecindario, es muy probable que haya casas y apartamentos que alberguen a gente sola, inclusive gente joven aún, que no tiene compañía y para la que, una llamada telefónica, o una visita con unos dulces o galletas, sería como un bálsamo para su alma solitaria.

Mantén Confidencial lo Que es Confidencial

Analiza sinceramente todas las oportunidades que recuerdes, en que has presenciado o te han contado algo que sólo pertenece a quien te lo dijo. Así tú mismo podrás darte cuenta si eres una persona fiable y confiable, o no. De todas maneras, nunca es tarde para que comiences a remediar este defecto. Solamente te lo propones desde el fondo de tu corazón, y a esforzarte desde ahora. ¡Lo lograrás!

Hay Que Aprender a Eliminar Los Venenos Psíquicos, Mentales y Físicos

Con Fe y entusiasmo, se eliminan todos estos venenos. Entre ellos, están las drogas alucinógenas que solamente conducen a la autodestrucción del individuo. El licor sin control conduce a estados lamentables. Cuando uno ve a un despojo humano tirado en el suelo, no puede entender cómo pudo llegar hasta ese estado un ser racional, pensante, inteligente con un alma inmortal, templo del Espíritu Santo. La dignidad humana es lo último que se debería perder.

No Puedes Buscar Como Pareja a Alguien Que Tenga Más Problemas que Tú

Todos tenemos problemas y todos tenemos defectos. Pero hay gente que le encanta un problema. Anda ávidamente detrás de los problemas y uno, conduce a otro, y así sucesivamente. Esa gente es muy difícil de tratar porque su vida no es normal sino problemática. Es mejor conseguir a alguien con una vida más sencilla, para disfrutarla juntos.

Uno Es, lo Que Piensa que Es

Las demás personas ven en nosotros, lo que nosotros proyectamos de nosotros mismos. Es muy importante adecuar lo que pensamos que somos. Porque muchas veces es mejor que no vean lo que pensamos que somos.

Si una persona piensa de sí misma que es buena, siempre actuará, al menos conscientemente con la mejor voluntad para obrar el bien. Si otro piensa que es un malvado, siempre tratará de hacer mal y ser cada día peor. Si una persona piensa que es respetable, los demás tenderán a respetarla y considerarla.

Es muy distinto que alguien trate de aparentar, de sentir. Es posible que alguien sienta que es despreciable, y por lo tanto se esfuerce en aparentar lo contrario. Pero llegará un momento en que lo que piensa de sí mismo, lo delate en sus actuaciones.

La Mejor Arma Contra la Violencia, es Una Voz Tranquila y Sosegada

La mejor pelea es la que no se acepta. La persona violenta o enojada, se desarma con una sonrisa y con la voz baja. Ante estas "armas", el iracundo se siente desorientado, cuando ante su descontrol, la otra persona reacciona con absoluto control de su estado anímico y de la situación, respondiendo a sus insultos con palabras dulces y cariñosas o sabias.

Es Muy Importante Cuidar las Actitudes

Tiene mayor significado la forma como se dice una cosa, que lo que se está diciendo con palabras. El gesto que acompaña a la voz, la entonación y la modulación de ésta, son los que en realidad hablan. Las actitudes y los gestos traducen lo que se piensa o al menos indican eso. Al hablar por teléfono, sonríe y tu voz sonará más agradable.

También Debes Hacer Ejercicio Mental

Tal como beneficia determinada dieta alimenticia al cuerpo, así la dieta mental beneficia a la mente y al espíritu. La dieta mental consiste en evitar (privarse), de sentimientos derrotistas, de cosas mediocres y de pacotilla. El ejercicio mental es acostumbrarse cada día a disfrutar aunque sea de poco a poco, de cosas buenas y de calidad. Es una forma de entrenarse para la prosperidad y la abundancia.

No Permitas Que Otros
Determinen Tu Estado
de Animo

De manera que, si un día apenas te levantas, una persona te ofende o causa un daño, o te enteras de "lo que te hizo", ¿vas a permitir que además de la ofensa, te dañe tu día también?

Siempre hay que pensar que no vale la pena malgastar la adrenalina por una rabieta que te va a quitar la paz mental, años de vida, salud y armonía, en honor a alguien que no vale la pena, pero que está tratando de decidir por ti, el estado anímico que te vas a "poner" cuando a ese alguien le venga en gana.

El Amor Nunca es Demasiado

En el amor, ya sea de pareja, filial,

familiar, o de amistad, simplemente se
ama, y punto. Lo más importante en
el amor es no estar cuantificando cuanto doy y cuanto recibo, porque entonces comienza a fallar.

El amor es generoso. Cuando se ama,
se recibe mucha alegría al dar.

Los Pueblos Sabios Respetan la Majestad y la Sabiduría de la Vejez

Es muy importante inculcarle al
niño, respeto y hasta veneración por
las personas ancianas. Solamente gente de muy bajos instintos y de proce-
dencia muy baja, es capaz de faltarle
el respeto a un anciano, o abusar de su
desvalidez, en lugar de ayudarlo y con-
siderarlo.

Un anciano es símbolo de experiencia. Algunas personas se burlan de otra

por el simple hecho de ser vieja, en lugar de pensar que ya, quisieran poder llegar vivos a esa edad.

El Chisme Tiene un Precio Muy Alto

Hace mucho más daño al hablador. La persona chismosa es egoísta y envidiosa; no tiene amor hacia el prójimo y por lo tanto no tiene caridad, ni comprensión. Cuando alguien te traiga un chisme, piensa que también lo va a llevar de ti.

Los Árboles Nos Proporcionan Oxígeno

Benefíciate sembrando y cuidando los árboles. Si todo el mundo tuviera consciencia de la importancia que para la vida en este planeta, tienen los árboles, todos los muebles serían de plás-

tico y el papel también, porque nadie
se atrevería a atentar contra vida tan
valiosa. Los árboles producen el oxígeno que respiramos los seres vivientes
en este planeta. Los árboles evitan la
erosión y por lo tanto, que se sequen
las fuentes de agua. Los árboles hacen
que llueva. Bajo la sombra generosa de
los árboles la fauna y la flora se repro-
ducen.

Las Relaciones Afectuosos y Armoniosas, Son Producto de tu Estado Mental

Las personas atormentadas, tienen
relaciones tormentosas. Las personas
tranquilas y sosegadas, están en capacidad de mantener todo tipo de relaciones normalmente sosegadas. Si tus
relaciones en general no son afectuo-
sas y armoniosas, es el momento de ha-

certe un sincero examen sobre tu comportamiento.

Todos Los Días Hazte Esta Promesa: "Hoy, en Lugar de Criticar, Bendeciré a Cada Persona Que Encuentre"

Sí, bendice al vecino, al conductor del taxi o del autobús, al hombre que vende helados, al que te trae el periódico... Que tu día sea un continuo envío de bendiciones. Millones de bendiciones, de gracias y de dones te llegarán en recompensa y además, sin darte cuenta, tu estado de ánimo irá cambiando, sintiéndote inmensamente feliz.

Si Piensas en Grande, Consíguete al Mejor Socio: Dios

El éxito de toda empresa depende principalmente de la persona que eli-

jas para asociarte. Con Dios como socio, no hay que temer al fracaso. El
éxito está asegurado. A Dios le encanta que lo nombremos socio de todas
las cosas que emprendemos, porque
respetando nuestro libre albedrío, así
le damos la oportunidad de demostrarnos su magnanimidad. Pero como todo
socio, también tenemos que darle su
parte, la que debemos distribuir entre
sus criaturas.

Perdonar es Liberarse de Vivir Anclado en un Momento Amargo

Cuando se perdona una ofensa, hay
un mecanismo que libera el olvido de
esa situación. Así, la persona queda liberada de un recuerdo amargo y eso le
causa una sensación de liberación.
Cuando se insiste en no perdonar, es
como si se hubiera detenido el tiempo

en un momento muy desagradable de ira sorda, de sufrimiento, angustia, dolor y sed de venganza. Esta sensación es muy dañina para la salud física, mental y espiritual. Como puedes ver, sales ganando cuando perdonas. Con el perdón, nunca pierdes.

La Vida es un Continuo Aprendizaje

Si recientemente has comprendido una lección, alégrate. Viniste a este planeta a aprender y a servir. Hasta para servir, tenemos que aprender. Lo más importante es aprender a vivir y aprender a trascender espiritualmente. Decídete a aprender cosas bellas y útiles para tu superación en todo sentido: física, espiritual y mental.

En Algún Punto Del Camino Dudaste de tu Capacidad de Hacer milagros...

...Y por lo tanto, echaste a perder todo lo que ya se estaba formando. La creación del milagro la desbaratas cuando dudas o temes. Recuerda que para que en tu vida pueda ocurrir un milagro, tú eres el principal hacedor y actor. Sin tu participación activa, no pueden ocurrir los milagros en tu vida.

Pero nunca es tarde: retoma tu fuerza, tu energía, tu fe y tu optimismo y emprende con mayor entusiasmo aún, tu tarea de crear magia en tu vida y de hacer milagros para tu beneficio y el de la humanidad.

A Nadie le Gusta Una
Sonrisa Artificial

Hay gente que en lugar de una sonrisa, hace una mueca. La sonrisa debe
venir de adentro. Sonríe con los ojos,
con los gestos, con los ademanes. Dale
vida a tu sonrisa para que tenga cali-
dez y simpatía y así aumentas tu en-
canto.

Para Vencer a Los Enemigos,
lo Mejor es Amarlos

El amor tumba barreras, elimina
fronteras, destruye odios y rencillas. Si
deseas que una persona deje de odiar-
te, envíale desde lo más profundo de
tu corazón, muchos mensajes de amor.
No es necesario sentirlo; lo importante es la buena intención al enviarlo.
Pronto esa persona depondrá su acti-

tud y comenzará a sentir simpatía hacia ti y a admirar tus cualidades.

No Esperes a Que Pase el Tiempo Para Darte Cuenta Que Hoy, Eres Feliz

Como la mayoría de la gente no está consciente de cuando es feliz, de ahí ese refrán que dice que todo tiempo pasado fue mejor. Pero qué lástima que cuando fueron felices, no se dieron cuenta y por lo tanto no disfrutaron esa felicidad.

Proponte darte cuenta, disfrutar, y saborear los momentos en que eres feliz. Vive el aquí y el ahora con la intención de sentirlo profundamente en todo su valor.

Es Importante Que Aprendas a Hablar Clara y Sencillamente

Hablar sin tapujos y sin rodeos es un arte. La claridad de expresión, denota claridad de ideas y claridad de intención. Las personas inteligentes que poseen un vocabulario rico, se expresan perfectamente y claramente con menos palabras. La gente que ha tenido poca educación, por su escaso vocabulario, necesita decir muchas palabras para poder expresar una idea.

Los Sentimientos Son Los Que Dictan Las Acciones y Reacciones Humanas

Las personas se retratan en todo lo que hacen. Quien respeta la vida de un pobre animalito, es una persona que tiene buenos sentimientos. Quien se

conduele de ver el exterminio de la
naturaleza, es un alma noble. Quien es
insensible ante el dolor ajeno, el tor-
mento de un animal, la sed de una
planta, es un criminal en potencia,
porque en su fuero interno, también
es insensible ante el dolor humano.
¡Ten mucho cuidado al escoger pareja
y amigos!

La Música es el Mejor Remedio Para el Alma

Incluso para el cuerpo. La música
domestica las fieras, hace que las va-
cas produzcan más leche porque se
sienten menos angustiadas durante el
proceso de ordeño. Se ha comprobado
que cultivos donde se ha puesto música clásica, han crecido más sanos, fér-
tiles y productivos que otros donde se
ha colocado música estridente: rock

duro. Una música suave, es el mejor
relajante y tranquilizante. Evita la
música que altera los nervios e induce
a la violencia.

La Timidez de Algunas Personas, Impide Que Los Demás Vean Sus Valores Intrínsecos

Por tal motivo, no debes juzgar a la
ligera. Muchas veces bajo una aparien-
cia insignificante, puede estar una gran
inteligencia y un alma superior. Por
otra parte, las personas tímidas, deben
trabajar duro para vencer este defecto
que les impide acceder a tantos éxitos
que las están esperando.

Amar, es Querer Desarrollar lo Más Hermoso Que Hay Dentro de Ti

Al fortalecer ese caudal de cosas bellas, mágicas que a lo mejor estaban adormecidas dentro de ti, sin que lo supieras, estás en capacidad de comunicarlas al ser amado.

Amar es comunicación y entendimiento. Es muy bello cuando dos personas que se aman, progresan juntas en todo sentido.

En Lugar de Reprochar Los Defectos de Los Demás, Esfuérzate Por Perfeccionarte a ti Mismo

Si no te preocuparas tanto por lo que no te gusta de los demás, tendrías más paz interior. En lugar de estar sufriendo por los defectos ajenos, es mejor que trabajes en los tuyos. Así estarás satisfecho, tienes metas, irás mejorando sin darte casi ni cuenta y sin proponértelo, servirás de estímulo a los demás.

No Existen Verdades a Medias

Cuando se mediatiza o se adorna una verdad, ya deja de ser verdad. Tanto la verdad como la mentira, son absolutas.

Trata de no "andar por las ramas" cuando tienes que decir algo. Igualmente evita para hacer convincente tu argumento, inventar una historia donde alguien conocido "hizo" lo que tu deseas que tu interlocutor haga.

La Mejor Fórmula Para Que Alguien te Ame, es no Pensar Nada Malo de Ella

A esa persona, solamente le enviarás pensamientos de amor, luminosos y puros. El amor, cuando sale del corazón, con las mejores intenciones, es invencible: atrae amor, atrae cariño, atrae simpatía.

En Medio Del Desorden, no se Puede Pensar Ordenadamente

Para poder planificar, para poder llegar con éxito a la meta, tienes que organizarte. La organización y el desorden están reñidos. No compaginan el desorden y el éxito. Todo negocio tiene que tener muy bien organizados sus sistemas, cuentas, papeles, archivos, etc. Si esto falla, no se sabe cómo van las cosas. Igual sucede en todos los campos de la vida. Tienes que ser ordenado y disciplinado si quieres triunfar.

El Complejo De Inferioridad, se Disfraza De Superioridad

Esto demuestra que es muy cierto el dicho: "dime de qué alardeas, y te diré de qué careces". Eso es muy valedero porque quien está seguro de sus propios valores, no anda haciendo alarde de ellos. El que está acostumbrado a desayunar todos los días, no anda haciendo alarde de "hoy desayuné".

Muchas veces la persona acomplejada, inventa una serie de historias fantasiosas y altisonantes para tratar de llamar la atención, porque cree que esa es la forma de darse valor, hacerse notar y que así le darán importancia.

La Magia Más Poderosa se Encuentra Dentro Del Corazón

Las varitas mágicas, los talismanes, los conjuros, no sirven para nada. Son obra de charlatanes. La magia más grande proviene del corazón Aunque no hables, lo que sale de él, tiene el poder de obrar milagros. Reza con todo tu corazón, desea con todo tu corazón, ama con todo tu corazón, y los resultados estarán automáticamente ante tus ojos.

La Risa es la Mejor Medicina

Y además es una medicina gratis. Es una medicina que cura tanto las enfermedades físicas, como las del alma. Esto ha sido comprobado ampliamente a nivel de laboratorio por equipos investigadores de las más prestigiosas universidades del mundo. Así que, no escatimes risas ni carcajadas. A reír a rienda suelta, que la vida es para pasarla muy bien y contento.

La Persona Inteligente, Dentro del Proceso de Madurar, va Rectificando a Través de Los Años

Este proceso debe ir moldeando nuestra personalidad para mejor. Nadie puede permanecer con un carácter estático a través de los años, porque vamos cambiando a medida que vamos viviendo. Ese cambio puede ser para mejor o para peor. La persona sabia, se va enriqueciendo en su educación, en experiencias, en conceptos y en creencias.

Empieza cada Día Diciéndote: "Hoy Comienzo una Nueva Etapa de Mi Vida: La Mejor"

Si cada día lo vieras como que comienzas a vivir nuevamente, sentirás que se inicia dentro de ti, un renacer. Empiezas a vivir la parte más importante de tu vida. Siente que estás renovado, lleno de optimismo, nuevos bríos, pleno de cosas muy bellas que te darán las armas para triunfar y sentirte muy feliz.

Ser Autocrítico, es Constructivo

Esto ayuda a crear poder personal. La eficiencia, el valor y la tenacidad que se necesitan para triunfar. Busca tus imperfecciones, no para acomplejarte o dolerte, sino para corregirlas. Tú tienes el valor de enfrentarte a tus propios defectos.

Si no Tienes Nada Bueno Que Decir, es Mejor Que No Digas Nada

Esta actitud te hará sentir mejor contigo mismo. Más personas te apreciarán y nunca te meterás en problemas.

Por el contrario, serás siempre bienvenido, porque es muy agradable la persona que siempre está buscando lo bonito, lo bueno, lo optimista y lo mejor de los demás y de las situaciones.

Hoy es el Día de Hacer un Esfuerzo y Proponerte Recordar los Nombres de la Gente.

La mejor melodía para nuestros oídos, es nuestro propio nombre. Cuando una persona se siente llamada por su nombre, reacciona mejor que cuando está situado dentro de la generalización. Al decirle el nombre a una persona, le estamos demostrando que nos es familiar, que la recordamos y eso indica el aprecio e importancia que le damos. Las relaciones humanas se fundamentan en recordar el nombre de las personas que tenemos que tratar.

Hay un Proverbio Persa que Dice: "Entre Más Conozco a los Demás, Más Me Conozco a Mí Mismo, Entre Más Me Conozco a Mí Mismo, Mejor Conozco a los Demás"

Esto debe enseñarte a no ser tan duro juzgando a los demás, ni tan exigente contigo mismo. No se puede ser perfeccionista. En general, todos tenemos los mismos defectos y las mismas cualidades. Lo que cambia es la intensidad y el interés que ponemos en dominar los defectos y acrecentar las virtudes.

La Sencillez de una Persona, es un Imán Para Atraer Amigos

La sencillez es una de las cualidades que más se aprecia. Ser sencillo es muy fácil. Se puede aprender. Empieza por practicarla y se convertirá en parte de tu personalidad. Ser sencillo no quiere decir andar derrapado. Se puede ser sencillo, vestido con ropa clásica de las mejores marcas, pero con una actitud de franca comprensión y sin aires de superioridad, sino de igualdad y respeto. Recuerda que en el fondo, todos somos iguales. Todos vamos a parar al mismo sitio donde no hay ningún tipo de distinción. Todo lo que poseemos: inteligencia, belleza, salud, juventud, fortuna, amor, etc., nos ha sido prestado. Y del buen o mal uso que hayamos hecho de estos dones, tendremos que rendir cuenta, todos por igual.

Las Personas Actúan Tratando de Ponerse a la Altura de lo Que se Espera de Ellas

Acostúmbrate a lisonjear. Siempre que veas a una persona, no olvides hacer un comentario bello y positivo. Demuestra que sabes las cualidades que posee una persona. Ponlas en superlativo. Especialmente cuando desees que alguien tenga determinada conducta. Aplica esta fórmula mágica con tus hijos (si los tienes), empleados, etc. Si llegas a un restaurante y dices: "He venido aquí porque me han recomendado mucho su buen servicio y excelente comida; estoy seguro que no saldré defraudado". Puedes estar seguro que te atenderán muy bien porque tratarán de ponerse a la altura de tus expectativas.

En el Silencio, Construimos las Oportunidades Más Favorables para Nuestra Vida

Porque el silencio es creativo. Es el único lugar donde podemos estar con nosotros mismos, escuchándonos y hablándonos con más nitidez y sin interferencia. Es cuando nos llegan verdaderos pensamientos de iluminación, con ideas creativas, otras veces con respuestas que hemos estado buscando.

Sé un Esparcidor de Buenas Noticias

El que trae buenas noticias, siempre es esperado con ansiedad. Siempre cae bien. Todos están atentos a esa persona. No hay nada más desagradable que esa gente que siempre ve el lado negativo y oscuro de la vida y por lo tanto

siempre está hablando de malas noticias, malos augurios, desgracias, etc.

Cada Mañana, Antes de Emprender el Día, Entónate con el Creador

Convierte esta acción matinal en una
costumbre y así obtendrás mayor paz,
armonía y éxito en cada jornada dia-
ria.

Llegará el momento en que estos estados anímicos serán parte integrante
de tu personalidad.

No Digas: Como me Hizo, Así Haré...

Esta sentencia pertenece al libro de
los Proverbios 24:29 Las personas sabias y de auténtico buen corazón, no
se preocupan por tomar venganza. Es
más: en beneficio de su paz espiritual

y de su salud mental, olvidan los agravios. Los perdonan y dejan todo en manos de Dios, no para pedir castigo para los otros, sino al contrario: pidiendo perdón para ellos, a fin de que comprendan su error y salgan de él, y en esta forma, no puedan perjudicar a nadie más.

La Evolución es el Proceso Mediante el Cual se Perfecciona lo Imperfecto

Hay personas que se niegan radicalmente y por adelantado, a los cambios. Se niegan a evolucionar. A ellas, les pasará como a los dinosaurios. Los dinosaurios se autoaniquilaron porque no supieron adaptarse a los cambios que la naturaleza impuso.

La vida dentro de su misma dinámi-
ca, impone cambios cada vez más drás-
ticos y frecuentes. Es vital saber adaptarse a ellos, con gracia e inteligencia.

Cuando tu Fe se Centra en Dios, Eres Dueño de Todo

Dios es el Creador, y por lo tanto, el
dador de Sus dones. Cuando pides algo,
la respuesta es del tamaño de tu fe.
Muchas veces lo que necesitas no son
cosas materiales, sino esperanza, o consuelo, o fortaleza, o paciencia, etc.
Unicamente puedes encontrarlas en la
fuente: Dios. Cuando confiadamente
le entregas a Dios un problema y te
cobijas en Su regazo, como un niño en
el de su madre, instantáneamente te
sentirás fortalecido y reconfortado.

No Existe la Suerte o el Azar. Todo es Resultado de la Ley de Causa y Efecto

Toda causa tiene un efecto y todo efecto es producto de una causa. Esto quiere decir que somos constructores de nuestra propia vida. Escogemos lo que queremos ser: un profesional, un artista, o un técnico, o ninguna profesión; también escogemos con quien vivir el resto de nuestra vida, etc. Nadie más escoge esto por nosotros. Por lo tanto, podemos planificar nuestra vida como un juego de ajedrez. El ajedrecista que pierde, no le echa la culpa al destino, sino a haber hecho una mala jugada.

Acostúmbrate a responsabilizarte de todos tus actos. Si tropezaste, no es culpa de la piedra, sino tuya que no la viste.

Un Proverbio Hindú Dice que Debes Ver en tu Prójimo a Dios

Esto indica que si siempre viéramos en nuestros hermanos, no sus flaquezas y defectos mortales, sino la gran bondad, amor, sabiduría y sobre todo, paciencia y tolerancia de Dios, no seríamos tan severos juzgando y tendríamos mucha más caridad y compasión.

Dedica Algunos Segundos Diarios Para Enviar Amor y Paz al Planeta

Si todos nos propusiéramos enviar constantemente, por lo menos una vez al día, sentimientos de amor y paz a nuestro planeta Tierra, no habría tanta violencia, porque empezaría un proceso de paz interior dentro de cada uno de nosotros, invadiéndonos dulcemente sin darnos cuenta, hasta llegar a con-

vertirnos en seres pacíficos, amorosos,
teniendo como recompensa la paz en
la faz de la Tierra.

Respetar lo Que los Demás Piensan, es Sinónimo de Inteligencia y Sabiduría

Solamente los dictadores tratan de
imponer sus ideas a los demás. Debes
agradecer todos los días a Dios, porque
vives en un país libre. Libertad quiere
decir que tus derechos llegan hasta
donde comienzan los de los demás. Por
lo tanto, permite que los demás puedan también ejercer su derecho a di-
sentir de ti. A creer en lo que para ellos
es una verdad. Recuerda que nadie es
dueño de la verdad, ni tiene la exclusi-
va del error.

También recuerda que no hay nadie
más fastidioso, que el que está sermo-

neando o tratando de convertir a los demás a sus ideas.

Tú no Eres Víctima de las Circunstancias. Tú Creas las Circunstancias

Que no seas tú, uno de esos ignorantes que andan buscando a quien echarle la culpa de todo lo malo que le sucede. Si estás en un momento difícil, analiza fríamente qué hiciste o dejaste de hacer, para crear esta situación y no te pongas a lamentarte. Ponte en acción para corregir y enmendar. Para crear otras circunstancias que sí te favorezcan

Aprovecha Este Día Para Dar Amor y Comprensión a Quienes Más lo Necesitan

No solamente debes estar enamora-

do de tu pareja, sino enamorado del
amor, enamorado de la vida, de tu trabajo, de tu familia, enamorado de tu
país. Dales hoy y siempre, mucho
amor, especialmente hazle llegar amor
a quienes más lo necesitan: los niños
huérfanos, los ancianos en los ancianatos, los animales abandonados y tu
país. Conduélete de tu país. Si lo amas,
no lo ensucies ni en sus calles ni en sus
paredes, ni lo quemes, ni lo saquees.

Nada ni Nadie, Puede Alterar la Serena Paz de mi Alma

Si repites constantemente este decre-
to, es una orden que está dando tu cerebro, la mejor computadora del mundo, a todo tu sistema y a todos tus cuerpos: mental, físico, espiritual, etc. Y
éstos reaccionarán ante cualquier estí-

mulo negativo, conservando la calma, la paz y la armonía. Con una frialdad, seguridad y tranquilidad, que tú serás el primer sorprendido. Esto te permitirá dominar con sabiduría cualquier situación.

Trata de Ser una Persona Distinta. Cambiar Para mejorar

La Biblia nos dice que debemos tratar de ser una persona nueva. Esto es, renovarnos. Esfuérzate por cambiar. Es muy difícil, pero precisamente, estos actos que refuerzan nuestra voluntad, son los que nos llenan de satisfacción y nos demuestran que somos nosotros mismos y no, nuestros vicios y defectos, quienes gobiernan nuestras vidas.

Tienes Muchos Motivos Para Quererte, Mimarte, Consentirte y Procurarte Todo lo Que Mereces de Bueno

Todas las religiones coinciden en que somos hechos a imagen y semejanza de Dios. Esa imagen y semejanza es porque nos parecemos a El. Y no es El, quien se parece a nosotros. Por lo tanto, son muchas las cualidades que te adornan. Sácalas a relucir.

La Venganza Que Puedas Tomar, es un Arma Que Esgrimes Contra Ti

Todo lo malo que salga de ti, a ti volverá aumentado, de acuerdo a la intensidad que hayas puesto. Dale gracias a Dios porque esa persona a través de esa mala acción contra ti, te ha permitido evolucionar espiritualmente. Por lo tanto, debes agradecerle y mandarle mucho amor y bendiciones. Y olvídate de eso, para poder dedicarte con más entusiasmo a las empresas tan importantes que están esperando por ti.

Todas las Situaciones de tu Vida, son Para tu Mejor Bien

La vida es un continuo aprendizaje. Y es mejor verlo de esa manera porque te enriqueces en todo sentido, que verlo desde el punto de vista negativo, como un continuo trabajo, carga, etc.

Para terminar la educación básica, tenemos que pasar por el pre-kinder, después el primero y segundo grado y así sucesivamente, sin saltar etapas. Para darte cuenta clara de esto, no es más que mirar atrás en tu vida. Algu-

nas situaciones que en ese momento
parecieron insostenibles, hoy te pueden parecer un juego de bebés. Pero
fueron ellas, las que te prepararon para
poder enfrentar cada día retos superio-
res, pero nunca inferiores a tus fuerzas.

Cantar Alegra. Aunque no Tengas Buena Voz, la Sola Intención de Emitir Sonidos Armónicos, te Llenará de Contento

Todos tenemos nuestra nota musi-
cal especial, definida y personal. Al oír-
la, nos entonamos. Por esto, en la cul-
tura oriental se utiliza la repetición de
varias notas musicales para curar determinadas enfermedades, para lograr
determinados efectos anímicos, y hasta para que llueva. Cantar alegra el es-

píritu. Por lo menos, escucha música que no solamente te alegre, sino que te armonice. Para armonizarnos íntegramente, la música tiene que ser armónica. La música desentonada, desarmoniza el ambiente y los cuerpos.

TODOS NUESTROS PENSAMIENTOS Y EMOCIONES, DEBEN SER POSITIVOS

Debes tener la capacidad de ver el lado bueno que todas las cosas y todos los seres tienen. Cuando logres ser absolutamente positivo, pero con los pies en la tierra, tendrás el poder de convertir absolutamente todo en hermoso, próspero, dichoso... mágico.

EN LA MAYORÍA DE LOS CASOS, ERES TÚ MISMO EL QUE FABRICA O PREFABRICA LAS CIRCUNSTANCIAS

Hay gente que siempre se está que-

jando de su mala suerte, de que no la
quieren, de que siempre la meten en
chismes, de que siempre hablan mal de
ella, etc. Y no se dan cuenta que todas
esas situaciones han sido prefabricadas
por ella. Somos dueños absolutos de lo
que hemos dicho y hecho. Estas acciones nuestras, son causas que tarde o
temprano, nos traerán sus respectivos
efectos.

ES EL MOMENTO DE DEFINIR TUS PRIORIDADES

Toma papel y lápiz y comienza a
definirte. No puedes esperar nada, an-
helar nada, planificar nada, si no estás
absolutamente seguro de lo que deseas
y cómo lo deseas.

Muchas veces nos quejamos porque
la Divinidad no nos oye, ya que no vemos la respuesta. Pero ¿qué respuesta

te pueden dar, si a cada momento, les
cambias la señal?

Por Ningún Motivo Dejes Que tu Corazón se Llene de Rencor

Cuando estás lleno de rencor, pierdes la capacidad de disfrutar la vida.
Esa rabia sorda dentro de ti, es una ven-
da que te impide ver lo bello que te llega a cada momento. La magia que tiene la vida, los milagros que se suceden
a cada instante.

El Conocimiento Sólo es Util, Cuando se Usa

De nada le vale a una persona tener
muchos conocimientos, si no los pone
en práctica. Valen tanto esos conocimientos, como si no los tuviera. Lo que
sabemos, debemos también ponerlo a
circular, a crear una energía benéfica

para nosotros mismos y para la humanidad.

Tu Vida te la Haces Tú

Todos en determinados momentos de nuestra vida, tenemos que llevar una cruz. Pero lo pesada o liviana que sea, depende de cada uno de nosotros. Igualmente depende de cada uno de nosotros, el tiempo que demoremos cargando esa cruz. La persona sabia, sabe hacerla liviana y por corto tiempo.

La Envidia es una Enfermedad Muy Grave que Produce Desarmonía

Como seres humanos, tenemos todos los defectos y todas las virtudes, unas y otros, en cierto grado más o menos desarrollados, dependiendo de cada individuo. Lamentablemente, debido al egoísmo, es la envidia uno de los defectos más comunes y más fácil de encontrar en el ser humano. La envidia es propia de seres que no se han desarrollado armónicamente. La espiritualidad en estos seres, deja mucho que desear. Y es precisamente este defecto, el que no les permite avanzar económicamente, ni triunfar en las empresas que se proponen, porque el mayor obstáculo que existe, es la envidia.

EL SER HUMANO ES DUAL: CUERPO Y ESPÍRITU; Y COMO TAL, DEBE VIVIR

Es absurdo tratar de silenciar a la otra parte que conforma el todo en cada uno de nosotros. Somos carne, espíritu, mente y sentimientos. Todos a la vez, deberían desarrollarse armónicamente para que podamos ser seres humanos equilibrados y felices. Quien por las razones que fueren, trata de suprimir o desarrollar uno más que otro, pierde el equilibrio y el balance.

Las Grandes Lecciones de la Vida, se Aprenden a Través de la Práctica y la Experiencia

Los niños tienen un afán irrefrenable por vivir las experiencias de la vida adulta, ya que desconocen el precio de la experiencia. Nada se aprende gratis. Todo aprendizaje tiene un costo que debemos pagar en una forma u otra, pero que es necesario para poder afrontar la vida cada día mejor preparados para disfrutarla con éxito.

Todo lo que Tienes, te ha Sido Prestado por Dios

El conocimiento de esta verdad, te hará comprender mejor, que debemos estar muy agradecidos con Dios por todo lo que nos da en préstamo, aunque parezca que todo lo hemos logrado en base a esfuerzo. Pero si Dios no nos hubiera dado las fuerzas, la salud y las oportunidades, no hubiéramos podido obtenerlo. Es bueno por lo tanto, compartir con los demás y para los demás, lo que Dios generosamente nos da para disfrutar mientras estemos en este planeta.

Tú Eres Unico

Te hicieron y destruyeron el molde. Así debes pensar porque es una realidad. Esto te da una dimensión diferente ante todo el mundo. De valía, de valor, de entereza, de cumplir la parte que te corresponde en el desarrollo y bienestar de la humanidad, aunque sea con un granito de arena. Si todos los millones de seres que habitamos el planeta colaboráramos con un granito de arena, podríamos haber hecho un camino que le diera la vuelta a la Tierra y llegar hasta la luna, varias veces.

La Verdad Nace y Crece Dentro del Ser Interno

Allí, dentro de lo más recóndito de tu ser, siempre está la respuesta correcta. Lo importante es aprender a escuchar esa parte de Dios que mora dentro de cada uno de nosotros. Cuando estás familiarizado con esta verdad, esa parte divina que tienes dentro de ti, será tu mejor guía, tu mejor amigo, tu mejor consejero y te dará siempre la respuesta adecuada.

Los Pensamientos se Liberan Solos, si Los Dejas Tranquilos

No permitas que un pensamiento derrotista se apodere de tu mente. RECházalo y déjalo ir. Cuando ese espacio esté ocupado por un pensamiento totalmente opuesto, sin esfuerzo alguno, estás dejando ir lo malo. Por más desagradable que sea un pensamiento, bendícelo. No lo odies, porque te estás odiando a ti mismo. No debes odiar a nadie ni a nada, porque te llenas de odio.

El Miedo No Mata

El miedo por sí mismo, no mata a nadie, pero sí, puede ocasionar muchos desastres. Tener miedo es humano.

Pero de valientes, es vencerlo. Los temores ahuyentan el positivismo, el optimismo y hasta al sol.

Hoy Deberías Agradecer por el Bien de la Vida y lo que Esto Conlleva

El sólo hecho de vivir, ya es un motivo para llenarnos de felicidad. La vida es un milagro que no debemos desestimar ni en nosotros mismos, ni en los demás seres vivientes, por insignificantes que nos parezcan, porque ninguna vida es insignificante: es lo más grande que hay. Prueba de ello, es que exceptuando a Dios, nadie más puede producir vida, partiendo de la nada.

Como te Sientes Y Como te Está Yendo Hoy, es el Resultado de Cómo Piensas Todos los Días

Todo tiene un precio y una recompensa. Toda causa tiene un efecto, cada día es el resultado del ayer. El día de hoy, lo construimos en el pasado y hoy estás haciendo tu futuro. Nadie más tiene injerencia en esto.

No Puedes Dejar de Amar a Alguien Porque Rompes La Cadena de Amor de Dios

Cuando nos armonizamos con Dios, con el Cósmico, estamos formando una gran cadena que no tiene principio ni fin, dentro del amor del Padre. Cuando dejas de amar a alguien, (despreciarlo, malquererlo) eres tú quien te separas de ese gran lazo de amor y destierras el amor de tu corazón.

Ayudar a la Naturaleza, es Mejorar tu Sistema de Vida

Las plantas no solamente embellecen el paisaje, dan vida a una casa, sino que son vitales para la existencia de nuestro planeta. Los árboles son los que producen el oxígeno que nosotros respiramos. Atraen la lluvia, refrescan el ambiente y evitan la erosión. Si todo el planeta fuera un desierto sin plantas, la clase de vida conocida hasta ahora, desaparecería porque hasta el agua se iría agotando. Sin oxígeno no puede haber agua. Y sin agua y sin oxígeno, no hay vida en el planeta Tierra.

Bendice Constantemente Todas las Situaciones de tu Vida

La bendición transforma lo negativo en positivo. La bendición calma los ánimos y estabiliza la paz y la armonía. Lo que es armónico es perfecto. Si bendices tus alimentos, nunca te harán daño. Por el contrario, aumentarán tu salud. Si bendices tu trabajo, tendrás la recompensa. Si bendices tu hogar, siempre será unido y bendecido.

No Solamente Debes Pedir Paz. ¡Debes Ser Paz!

La relajación y la meditación son muy importantes para poner orden en la mente y así disminuir las tensiones. Cuando la persona está tensa, no es armónica, y por lo tanto, no es pacífica. No tiene paz profunda.

En la meditación y en la oración, debes pedir a Dios que te inunde de paz. Que te llene de paz, que te transmita Su paz, que te convierta en paz para ir en tu diario vivir, repartiendo y sembrando paz entre todos tus semejantes.

TODOS NOS NECESITAMOS MUTUAMENTE

El ser humano por su naturaleza, no puede ser una isla. El ser humano es gregario. Pero para poder vivir en comunidad, necesitamos saber convivir.

Convivir, quiere decir vivir en armonía con los demás. Para vivir en armonía y paz con los demás y así beneficiarnos de la mutua compañía, tenemos que llenarnos de mucho amor, mucha paz y sobre todo, comprensión. No podemos exigir a los demás, lo que nosotros somos incapaces de dar.

Es Mejor Encender una Vela, Que Maldecir la Oscuridad

Hay mucha gente que solamente aporta críticas. Deberías sentirte orgulloso de ser parte de la solución y no parte del problema. Esa gente quejosa de profesión, en lugar de quejarse tanto, debería aportar la solución para así no tener de qué quejarse.

La Meta no es Tener una Meta. Es Vivir Cada Instante

Quien vive únicamente pensando en la meta, no está viviendo en el presente. El secreto de la felicidad, es vivir, disfrutar, saborear el presente. Hay gente que se la pasa ensoñando lo que hará cuando llegue tal o cual situación. Por ejemplo: una fiesta, un viaje, etc. Cuando llega esa situación tan anhelada, en lugar de disfrutarla al máximo, la pasa pensando en lo que va a disfrutar contando a los demás sobre el particular. Luego de terminada esa situación o momento, disfruta recordando, lo que no disfrutó en ese momento.

Tienes que aprender a disfrutar cada momento en su momento. Cuando estás planificando algo, también debes disfrutar lo que estás haciendo para llegar a la meta.

El Ser Espiritual Sabe Que Nunca Está Solo

Tiene la seguridad que le proporciona la creencia de ser un alma y un es-

píritu revestidos por un cuerpo para
poder anclarse en la Tierra. No un cuerpo con un espíritu. Tiene la seguridad
que no solamente Dios pertenece a su
mundo espiritual, sino que Dios, ha
mandado a legiones de ángeles para que
le asistan. También tiene maestros y
guías que le ayudan en su camino hacia la superación espiritual.

LA FELICIDAD NO ESTÁ EN COSAS EXTERIORES. ESTÁ DENTRO DE TI

Quienes buscan la felicidad en cosas
exteriores, siempre estarán tras ella, y
permanentemente se les estará esca-
pando. La felicidad reside dentro de
cada ser humano y se manifiesta en el
gozo que sentimos con las cosas senci-
llas, cotidianas y que tenemos a la
mano.

Todo el Mundo Tiene Muchos Potenciales

Los científicos y los psicólogos siempre están diciendo que no usamos ni el diez por ciento de nuestras capacidades. Por lo tanto, si no has podido abrirte camino en lo que has venido haciendo hasta ahora, o no estás completamente satisfecho, busca en tus otras potencialidades, cuál puedes explotar en beneficio tuyo y de la humanidad.

¡Cuidado al Dar Limosnas! Eres Responsable de lo Que Se Hace con tu Aporte

Las leyes espirituales son inmutables. A veces podrían parecer un poco complejas. Somos responsables de lo que se hace con lo que damos. Así, si das dinero a un vago y éste con tú dinero,

va a comprar o a alquilar un arma y
hiere o mata a alguien, tú eres cómpli-
ce. Si das dinero a un niño y éste se
acostumbra a no estudiar, a no tener
obligaciones, a ser parásito, tú estás
contribuyendo a su destrucción como
ser humano. Si por el contrario con tu
aporte se hace una gran obra, eres también coproductor de esos resultados: un
muchacho que termina sus estudios,
un seminarista que una vez ordenado,
va a servir a la sociedad, una obra de
beneficencia que cada día presta mejor servicio a los necesitados, etc. Dar
limosnas en la calle, contribuye que tu
país sea un país de mendigos.

DOY GRACIAS CONSTANTEMENTE POR LOS ANGELES QUE DIOS HA MANDADO A PROTEGERNOS

Tienes libre albedrío. Dios y sus án-

geles son los primeros en respetarlo. Por
lo tanto, si deseas estar constantemente protegido por los ángeles, invócalos
permanentemente y entrega median-
te Dios, todos tus asuntos en manos
de ellos.

No solamente tendrás la protección,
sino que te dará una gran seguridad,
saber que están a tu lado. Las vibraciones de tu hogar, tu vehículo, tu lugar
de trabajo, serán más armónicas y sa-
ludables.

EL AMOR TODO LO TRANSFORMA

"El amor todo lo puede", nos dice
Pablo en su famosa carta a los corintios.
(1:13) En ella, se expresa sobre la caridad, que es el sentimiento que mejor
demuestra el amor y la compasión.

"El amor es paciente, servicial y sin
envidia. No quiere aparentar, ni se hace

el importante. No actúa con bajeza ni busca su propio interés. El amor no se deja llevar por la ira, sino que olvida ofensas y perdona. Nunca se alegra de algo injusto y siempre le agrada la verdad. El amor disculpa todo; todo lo cree y todo lo soporta. El amor nunca pasará. Algún día las profecías ya no tendrán razón de ser... Entre la fe, la esperanza y la caridad, la mayor (la más importante) es la caridad".

Muchas Veces es Mejor no Levantar las Piedras del Camino, y Dejarlas Donde Están

Por lo general cuando levantas una piedra, no te gusta lo que encuentras debajo de ella. Igualmente sucede con algunas situaciones de nuestras relaciones o de nuestra familia. A veces, es innecesario ser tan

inquisitivos, tan detectives, tan investigadores, para luego encontrarnos con
una sorpresa desagradable, que hubiera sido mejor ignorar, pero que una vez
conocida, puede marcar negativamente nuestra vida o nuestra relación con
una persona amada.

ACOSTÚMBRATE A BENDECIR Y CONSTANTEMENTE ATRAERÁS LA FELICIDAD

Si permanentemente estás bendi-
ciendo, estás atrayendo bendiciones
para ti, para las personas que viven
contigo, y el ambiente que te rodea.
Bendecir produce salud, armonía y
prosperidad, porque armoniza a las
personas, a los ambientes. La salud, la
prosperidad, y la felicidad son parte de
armonía. Son lo que debe ser.

La Separación Física no Indica Una Ruptura Espiritual

Cuando dos almas están unidas, ni la distancia, ni el tiempo, las separa. Consciente o inconscientemente, buscamos reunirnos con personas que son semejantes a nosotros. Por esto, personas que se ven precisadas a emigrar, siempre se ubican en el lugar que les corresponde y con la gente que les corresponde.

La amistad auténtica, basada en lazos sólidos y el amor verdadero, se enriquece y fortalece a través del tiempo y del espacio.

La Armonía Interior, es Uno de los Ingredientes de la Felicidad

Quien no tiene armonía interior, no puede ser feliz. La armonía interior, la paz profunda, son una tranquilidad muy especial que está al alcance de todo el mundo. Unicamente tienes que buscarla. Se encuentra en la meditación y en la oración, en la práctica constante del amor incondicional, la caridad y la compasión. Sin olvidar por supuesto, la comprensión. Cuando logres esto, o al menos estés en el camino, te sentirás muy tranquilo y muy feliz, a pesar de los problemas que estén a tu alrededor.

Los Defectos que Criticamos en los Demás, Son los Que Más Odiamos en Nosotros Mismos

Analiza qué es lo que más te disgusta en las otras personas, y qué relación hay entre lo que criticas y tú. Puede ser un defecto físico o moral.

No critiques. Todos tenemos defectos y todos tenemos cosas bellas tanto físicas, como espirituales e intelectuales. Búscalas en ti y en los demás, y encontrarás muchas satisfacciones.

Amado Dios: Enséñame a Sentir y a Mostrar Amor por Cada uno de Mis Semejantes

Esta es una breve oración que deberías repetir constantemente: "Señor, lléname de Ti. Lléname de Tu amor y permite que yo, lo irradie a todos mis semejantes y a mi alrededor".

Si practicas este sencillo truco, estarás lleno de paz, armonía y amor. Todo te será más fácil en la vida. No tendrás tantos problemas al tratar a la gente. A todos le caerás bien. Serás muy querido y apreciado por todo el que te conozca. Esto no solamente te ayudará en el seno familiar, en las amistades, sino en los negocios, porque ellos te "sentirán" como alguien en quien se puede confiar.

La Oración Programa la Ayuda de Dios Dentro de tu Computadora Mental

Nuestro cerebro es una magnífica computadora. Si la programas para que todos tus actos sean una oración y una alabanza, nunca te faltará Dios con la gran inmensidad de Sus dones.

Los Principios Espirituales son un Antídoto Contra las Calamidades

Cuando una persona tiene bases espirituales sólidas, tiene dentro sí, una fuente perenne de recursos para todas las situaciones que se le presenten en la vida.

PUEDES REHACER TU VIDA, PIDIENDO A DIOS QUE FORME PARTE DE ELLA

Cuando entregas tu vida a Dios, a fin de que se haga Su voluntad, no debes temer, porque Dios jamás desea mal alguno para Sus criaturas. Somos nosotros quienes erramos y nos causamos daño al alejarnos de Dios. Dale un vuelco a tu vida, llenándote de gran alegría y paz interna, dejando que Dios sea parte integral de tu vida y tus asuntos.

LA ENFERMEDAD MÁS PELIGROSA ES LA IGNORANCIA

Sí, porque la ignorancia es atrevida. Para poder progresar mentalmente, espiritualmente, físicamente, saludablemente, tenemos que combatir la ignorancia. La ignorancia ancla, ata, detiene el progreso del ser humano.

Todos estamos en obligación de combatirla para beneficio de la humanidad.

El conocimiento y la sabiduría nos acercan a Dios y a todos los dones que ha hecho para nosotros.

La Oración y la Meditación son la Mejor Vía Hacia Nuestro Origen Espiritual

Nuestro origen espiritual es Dios. De El, procedemos y hacia El anhela el ser humano ir. Aunque no lo tenga consciente. De ahí el hecho de que mucha gente anda ansiosa y angustiada buscando algo que no sabe qué es.

No es lo Mismo Pensar, Que Darse Cuenta

Para darnos cuenta de las cosas que nos rodean, de lo que los demás sien-

ten y piensan, de lo que nosotros somos realmente desde el punto de vista
espiritual, tenemos que hablar menos,
acallar nuestros pensamientos y que-
darnos en el silencio para poder escuchar la voz interior que proviene de
Dios.

"El Alma del Perezoso Desea y Nada Alcanza"

(Eclesiastés)

La persona que se contenta con desear, (soñar despierto) y no pone ci-
mientos a sus sueños, nunca podrá al-
canzarlos. Los sueños se alcanzan con
preparación, trabajo y constancia.

Si tienes la habilidad de crear un sue-
ño, una meta, también tienes la habilidad de hacerla realidad.

No Limites tu Vida. No Pongas Formas ni Caminos a lo que Vendrá del Mundo Espiritual

Si tú pretendes dar las directrices, estás poniendo limitaciones a lo que te va a llegar. Es mejor esperar lo máximo sin limitar la opulencia del reino espiritual.

"Di a la Sabiduría: Tú eres mi Hermana y a la Inteligencia Llámala Pariente"

(Proverbios 7:14)

La mejor cualidad, la mejor virtud que puede tener un ser humano, es la sabiduría. Sabiduría es saber aplicar la inteligencia y el conocimiento en la forma más adecuada a cada situación.

"El que Dice que Está en Luz y Aborrece a su Hermano, El Tal, Aún Está en Tinieblas Todavía"

"El que ama a sus hermanos está en luz y no hay tropiezo en él. Más el que aborrece a su hermano, está en tinieblas y no sabe a donde va; porque las tinieblas le han cegado los ojos"

(Primera epístola del apóstol Juan)

La Mente Divina Trabaja de Manera Perfecta

Por eso es mejor no tratar de interferir en la forma en que Dios maneja las cosas. Debes estar confiado que por más enredadas que te parezcan, siempre son para tu mejor bien, y dar gracias por esto.

CONSTANTEMENTE NOS ESTAMOS AMENAZANDO, IMAGINANDO DESASTRES QUE PODRÍAN OCURRIR

Esta es una forma de amargarnos la vida, de estresarnos, de cargarnos de negatividad. Esos pensamientos funestos sobre el porvenir, deben ser eliminados por la fórmula del reemplazo. Cada vez que lleguen, los rechazas, los cancelas, y los cambias por pensamientos positivos, optimistas y alegres.

HAY QUE ESTAR DISPUESTO A ESCUCHAR A CUALQUIERA Y A APRENDER DE TODOS

Incluso las personas más humildes e iletradas, tienen algo que enseñarnos. La actitud abierta, libre de prejuicios, sincera y humilde, nos permite tener mayor acceso al conocimiento. Nunca te avergüences de preguntar el significado de algo que desconoces. Preguntar es de inteligentes y de personas libres de complejos.

"Con la Medida que Mides, Serás Medido"

(Nuevo Testamento)

En esta sentencia, Jesús de Nazaret, nos recuerda que en la forma en que juzguemos, así seremos juzgados. Que nosotros mismos somos quienes ponemos la medida, la porción, el tamaño y el límite a lo que vamos a recibir, porque estarán encuadrados dentro de lo que damos, hacemos, pensamos y decimos.

Las Emociones sin Control, Consumen Violentamente la Energía de Nuestro Cuerpo

Este desenfreno, es el que trae trastornos psicosomáticos: depresión, nerviosismo, angustia y por ende, enfermedades físicas.

Tu Conducta Debe Ser Guiada por el Amor y la Armonía

Es la única manera de vivir contigo mismo y con los demás. Quien aprende a vivir así, ha aprendido a vivir. Hay gente que se muere sin haber aprendido a vivir.

Centra Todos tus Esfuerzos en lo Que Defiendes, y no, en lo Que te Opones

Concentrarse en lo que uno se opone, es perder energías dándole más fuerza. Cuando quitamos nuestro pensamiento de algo, le restamos energía a ese algo. Debes concentrar toda tu energía en lo que defiendes y en lo que crees, sin necesidad de criticar, ofender o atacar a tus opositores, así sean criminales.

Utiliza el Infinito Poder que Dios ha Dado a tu Mente, Para Crear las Circunstancias Que te Favorecen

Una persona que sabe utilizar este poder, sabe ponerlo a trabajar para su bien y el de la humanidad. Va creando como en el juego de ajedrez, todas las circunstancias que le lleven a sus objetivos, consciente de que deben ser acordes con la Voluntad Divina, en armonía perfecta y sin afectar a nadie.

DEFINE TUS PRIORIDADES

La gente indecisa, se queda en el aparato (como se dice en términos hípicos) hay que aprender a tomar decisiones, pensadas y sopesadas, pero oportunas. No puedes pasarte toda la vida deshojando la margarita en todo lo que pretendes hacer.

EL DOMINIO DE UNO MISMO, ES EL PREMIO MÁS GRANDE AL QUE SE PUEDE ASPIRAR

Sé dueño de ti mismo, y lo serás del mundo. En caso contrario, serás esclavo de todos. Porque serán los demás los que decidan por ti, aunque sea el humor y el estado anímico que vas a lucir hoy.

"Sean Gratos los Dichos de mi Boca y la Meditación de mi Corazón Delante de Ti"

Esto corresponde al salmo 19:14. La Biblia nos demuestra una y otra vez, que la mejor forma de hablar y de escuchar a Dios, son la oración y la meditación. También nos enseña que la meditación sale de lo profundo de nosotros.

Un Rato de Cólera Consume Más Energía Que una Jornada de Trabajo

Deberías estar muy atento a estas descompensaciones energéticas que causas a tu organismo por ser intemperante. La armonía y la perfecta respuesta con sabiduría y sin exaltarte, la consigues a través de la meditación y la oración.

Para Poder Ver y Creer en Milagros, Tienes que Creer en tu Yo Espiritual

¿Cómo puede esperar milagros una persona que no cree en la vida espiritual, en que tiene un alma inmortal y está infundida por el espíritu de Dios? Para poder ver los milagros, primero tienes que creer en quienes los hacen.

La Oración no Puede ser Pasiva. La Oración Debe ser Activa y Positiva

Hasta para orar tienes que ser positivo. La fe no es derrotista ni negativa, porque entonces, no es fe.

¡Que Bien Hace al Alma, Tener un Buen Amigo!

Este pensamiento también pertene-

ce al Eclesiastés o libro de la Sabiduría.
Y agrega: más vale un buen amigo, que
un hermano. En este caso, un hermano indiferente o ajeno a nuestro propio vivir. Por eso es tan importante
saber escoger los amigos. Porque precisamente los amigos tienen esa ven-
taja. Los podemos escoger, seleccionar,
tomar o desechar. Los hermanos no.

Un Pensamiento Falto de Armonía, Lanza una Onda de Desarmonía

Un pensamiento de energía que no
sea bondadosa, envía una onda pertur-
badora de energía negativa en desarmo-
nía con las vibraciones del universo. Si
son muchos, el medio ambiente es per-
turbado. El remedio es llenarnos de
amor, paz y compasión...

La Ley de Dios es Perfecta

Esto lo dice el salmo 19:7. Para tu propio beneficio, lo importante es que la conozcas, la temas, la respetes y la cumplas.

"El Odio Enciende Peleas, El Amor Disimula Todas las Faltas"

Esta verdad tan grande como un templo, está escrita en el Eclesiastés.

Cuando faltan el amor y la comprensión, se pierde la paciencia por cualquier motivo, causando rencillas inútiles que desgastan la energía que se necesita para cosas valiosas. Al amor hay que rescatarlo a como dé lugar. Es necesario encontrarlo porque lo que ha sido, no deja de ser. Simplemente cambia.

"Dejad Todas Vuestras Preocupaciones a Dios, Porque Él se Interesa por Vosotros"

Esta verdad la escribió Pedro en una de sus cartas. Muchas veces acostumbramos preocuparnos por cosas que no valen la pena y que jamás van a suceder como lo estamos temiendo. Cuando estamos confiados en la Divina Providencia, vivimos más tranquilos y con menos preocupaciones. Somos más felices.

Cada Día te Debe Dejar un Nuevo Conocimiento

Hay que tener espacio interior para nuevos conocimientos. Es triste irse a la cama, sin haber aprendido nada durante ese día. Es un día perdido el que no nos deja un nuevo conocimiento,

ya sea moral, mental, espiritual, inte-
lectual, físico...

BUSCA LA ILUMINACIÓN EN TODO SUFRIMIENTO

En lugar de preguntarte: ¿Porqué a
mí? Pregúntate: ¿Porqué no a mí?
¿Qué puedo aprender con esta experiencia? ¿Cuál es el mensaje que me
está llegando a través de esta situación?
¿Qué lección debo asimilar? Trata de
sentir, cómo se sienten los otros que
están en peores sufrimientos que los
tuyos o con más tiempo que tú en este
camino y desea ardientemente que tu
sufrimiento sirva para quitarle a ellos.
Te sorprenderán los maravillosos resultados.

Trata de Ver en Cada Persona, lo Bueno que Hay en Ella

Como dice una vieja canción: "Por más fea que sea una mujer, se le encontrará algo bonito". Por mala que sea una persona, alguna fibra buena debe tener dentro de su corazón. Aún el ser más pervertido, en su Yo interno, está buscando la superación espiritual. En lugar de hallar los defectos, encuentra lo bueno que todos tenemos.

La Vida Sin un Propósito, no Tiene Sentido

Cuando la gente pierde la ilusión, cae en la depresión. Es necesario para mantener una existencia equilibrada y feliz, darle sentido a la vida, tener metas e ilusiones, tener hobbies.

El Agradecimiento Trae Consigo Nuevos Beneficios

Porque al bienhechor le gusta verse correspondido y le estimula a seguir beneficiando. Además, una persona desagradecida, no merece se le siga ayudando en ninguna forma. Aunque es sabido que al dar, no debemos esperar nos sea retribuido por la misma vía.

Cada vez Que Pensamos con Concentración, Producimos una Onda de Pensamiento

Estamos creando una causa cuyo efecto se producirá indefectiblemente en alguna parte. Esto es muy importante saberlo, porque en la mayoría de los casos, no nos damos cuenta u olvidamos que con el pensamiento estamos creando, estamos produciendo y así como podemos ayudarnos, también podemos perjudicarnos mucho, especialmente cuando hacemos un gran esfuerzo de concentración para emitir con más fuerza el pensamiento.

La Práctica Conduce a la Perfección

Quienes sobresalen en los deportes, en la danza, en el patinaje en el hielo, en la música, etc., son personas que practican y practican con entusiasmo y sin desmayo durante muchas horas diarias, hasta llegar a sentir que lo han hecho perfecto. Igualmente en la vida espiritual, necesitamos practicar y practicar, no desmayar en el entonamiento con la Divinidad, para así poder obtener los mejores resultados.

Al Hacer Cualquier Petición a Dios, Hay que Tener Fe en los Resultados

Si hay temores, o dudas, o remordimientos por los que estás pidiendo, el resultado será negativo.

El Hombre no Podrá Elevarse Más Alto Que el Nivel de su Consciencia

Es como el agua que por sí sola, no puede subir más arriba de su fuente o del depósito. Igualmente cuando una o varias personas emprenden una empresa, ésta no llegará más lejos, ni más alto que el nivel de consciencia, o de capacidad, de quienes la dirigen o emprenden.

SOMOS LO QUE PENSAMOS

Si una persona piensa que es pobre, aunque nade en la abundancia, terminará en la pobreza. Y lo que es peor, que aún siendo rica, sufrirá los rigores y las angustias de la pobreza.

Si piensa que es enferma, terminará siéndolo. Si piensa que es saludable, así se sentirá...

LA ARMONÍA INTERNA, MANTIENE ARMONIOSO EL RITMO DE LA VIDA

La relajación, la meditación y la oración armonizan nuestro proceso diario de vivir. El balance físico comienza en el mundo espiritual.

LOS RETOS QUE TE DA LA VIDA, SON OPORTUNIDADES PARA SUPERARTE

Acepta los retos sabios que te sirvan

de estímulo para superarte. Hay retos
que son de necios: Como por ejemplo,
cuál de los dos vehículos en una calle
transitada, corre más rápido. O cualquier otro atrevimiento que demues-
tre inconsciencia y falta de respeto por
las personas, las vidas y las cosas de los
demás.

Paz Profunda en el Corazón, es el Bien Más Preciado

¿De qué le sirven todos los bienes
materiales a una persona que vive angustiada o depresiva? El bien que más
debemos buscar afanosamente, es la
paz profunda de nuestra alma, que pro-
cede de la fuente inagotable de armonía y paz: Dios.

La Meditación Elimina la Ansiedad

Porque para lograr una buena meditación, primero hay que relajar todos los músculos, relajar todos los órganos, relajar todos los sentidos. Al llegar a este grado de relajación tan profundo, la ansiedad desaparece y tanto el cuerpo como la mente y el espíritu, se van llenando de paz, tranquilidad, armonía...

Los Remordimientos no Conducen a Nada Bueno. Lo Que Pasó, Pasó...

El remordimiento debe existir solamente para poder comprender y entender el error cometido y proceder a trabajar arduamente inmediatamente en la enmienda. Esto es: convertir ese error

en una experiencia positiva que te traiga una gran enseñanza para el porvenir. Logrado esto, no tiene razón de ser.
Se debe seguir trabajando en la enseñanza, no en el error.

El Ejemplo es Mejor Enseñanza que Palabras sin Valor

De nada vale estar hablando todo un
día durante trescientos sesenta y cin-
co días al año, sobre algo que desmen-
timos con nuestros hechos. Vale mucho más, no hablar con palabras, sino
con el ejemplo.

Para Amar a los Demás, Comienza por Amarte a ti Mismo

Este es el punto de partida de todas
las grandes hazañas realizadas por el
ser humano. Jamás alguien que no se
valorara a sí mismo, ha sido capaz de
nada importante. Nadie puede dar lo

que no tiene. Quien no se ama a sí
mismo, es incapaz de amar a otros.
Quien no se ama a sí mismo, es porque en el fondo se desprecia.

En el Corazón Razonable, Reside la Sabiduría

La Biblia no enseña que no puede
haber sabiduría sin sensatez. Estas dos
virtudes van siempre unidas. Sensatez
es usar el menos común de los sentidos: el sentido común.

Tienes Todo el Derecho Para Darte tu Tiempo Para Soñar, Para Descansar...

El descanso es el merecido premio al
trabajo. Todos tenemos derecho a unas
merecidas vacaciones. Tenemos derecho, de vez en cuando, a no hacer nada,
a soñar, a dormitar... a dedicar tiempo
para nosotros mismos.

Es Inteligente Quien Convierte un Hecho Negativo, en una Enseñanza Positiva

Esta es una reacción de sabios. Aprender de los propios errores y no pasarse la vida lamentándose por lo que pude o no pude haber hecho, anclado a un momento y a una situación que ya no se puede remediar, pero que sí puede causar mucho daño.

¿Qué Estoy Haciendo por los Demás?

Esta es una pregunta que casi nadie se hace. ¿Cómo puedes esperar que todo y todos se preocupen por ti, que Dios te dé todo lo que anhelas, si no te pones jamás a pensar en las necesidades, angustias y dolores de los demás?

"No Tengas Miedo ni te Desanimes Porque Yo, Tu Señor y Tu Dios, Estaré Contigo Donde Quiera que Vayas" (La Biblia)

¡Que reconfortante es leer la Biblia! Si no tienes esa costumbre, deberías ponerte a leerla de vez en cuando. Comienza leyendo cada día un salmo, o el Eclesiastés, o las Cartas de Pedro... siempre encontrarás un mensaje adecuado para el momento que estás viviendo.

En la Juventud, Vamos Preparando la Cara que Tendremos en la Vejez

Tanto los vicios como las virtudes, tienden a acentuarse con el paso de los años. La persona que no cuida su postura, será un viejo jorobado. Quien

constantemente frunce el ceño, tendrá
surcos en la frente y en medio de las
cejas; quien mantiene cara de pocos
amigos, será un viejo gruñón. Define
qué clase de viejito quieres ser, y comienza ya, a prepararte.

A Través de mi Trabajo Arduo y Honrado, Estoy Sirviendo a la Humanidad

Lo mejor que le puede pasar a una
persona, es que le paguen por hacer
algo que le gusta. Lo peor, es tener que
trabajar en un lugar que le desagrada.
Las horas se hacen tediosas. Dale siempre gracias a Dios porque a través de
tu trabajo, puedes beneficiar a otros, y
sin darte cuenta, se realizará el milagro de que tu trabajo fructifique hasta
lo inimaginable.

"En Medio de las Preocupaciones Que se Agolpan en la Mente, me Das Consuelo y Alegría"

(Salmo 94:19)

Muchas veces, las más de las veces, nos preocupamos por décadas adelantadas y lo peor de todo, que lo hacemos en vano, porque a pesar de todos los esfuerzos, esa mala situación o desgracia por la que tanto sufrimos viéndola venir, no sucedió.

Disfruta Cada Instante, Porque es Irrepetible

Por más que quisieras, no podrías hoy, repetir momentos vividos ayer, aunque estuvieras con las mismas personas y en las mismas circunstancias. Todo momento es irrepetible. Por eso es muy importante saber disfrutar cada instante. Vivirlo, saborearlo. Especialmente la niñez de nuestros hijos.

Señor: Sé Que en Esta Situación, Tienes un Bien Escondido Para Mí

Esta es la oración que debes repetir con mucha fe, cuando sientas que pareciera que no hay salida. Sigue sin desmayar, buscando no un bien, sino millones de bienes que Dios tiene dispuestos para ti.

No permitas que la incredulidad te eche a perder la buena intención. Pide fe y se te dará.

Dios Ayuda a los Que se Ayudan a Sí Mismos

Esto nos explica que debemos tener fe en acción. No es tener fe y acostarnos a esperar que suceda el milagro. Es poner a disposición del Cósmico, todas las posibilidades para que se haga. Somos coautores de los milagros. Si no ponemos de nuestra parte, no sucederán.

Tu Lenguaje y Tus Palabras, Indican Tus Pensamientos

El maestro Jesús dijo que: *"Por sus actos los conoceréis"* Los psiquiatras saben que dejamos nuestro "retrato" hasta en la forma de torcer los zapatos; la forma de inclinar el cuerpo, los trazos de nuestra escritura...

Procura que cada día tus actos, reflejen una mayor belleza espiritual.

Donde Hay un Gran Amor, Hay Siempre Milagros

Porque el milagro más mágico que existe, es el amor. El amor de una ma-

dre vence muchas dificultades. El amor
de un hijo es invencible. El amor de la
pareja, es lo que la mantiene unida en
medio del fragor de las batallas del diario vivir.

"No Temeré la Maldad, Pues Tú Estás Conmigo"

(Salmo bíblico)

Cuando una persona va donde un
brujo "y que a consultarse", éste siempre le dice que tiene "un trabajo mon-
tado" que hay que quitárselo, lo que le
costará una fortuna.

Este pasaje del salmo, nos recuerda
que la maldad y el mal, no nos llegan
cuando nos sentimos unidos a Dios.

Dios es nuestro mayor y mejor pro-
tector. Nuestra mejor compañía, nuestro mejor defensor.

El Hombre no Tiene Límites en la Imaginación Creativa

Los límites los pones tú. Con nuestra mente, podemos escaparnos de una situación, fugarnos de una cárcel, vivir en el pasado, visitar el futuro, visitar planetas y reinos espirituales. Podemos crear lo que todavía no existe.

"El Señor Está Cerca Para Salvar a Los que Tienen el Corazón Hecho Pedazos y han Perdido la Esperanza"

¡Que bella, que consoladora es esta frase! (Salmo 34:18). Esto nos da un consuelo infinito y nos restituye la fe.

Recuerda Orar Por los Líderes de tu País

Todos estamos dispuestos a criticar.

Elegimos nuestros gobernantes y luego los echamos a la arena del circo, para disfrutar desde la gradería, sus errores y así criticar. No podemos dejarlos solos porque estamos en el mismo barco. Debemos, si no podemos ayudarlos directamente, encomendarlos constantemente en nuestras oraciones, a fin de que sus acciones sean las más adecuadas para el bien del país y de todos.

Quien Desarrolla la Compasión, se Quita Muchos Dolores de Encima

Sentir compasión, es ponerse mentalmente en el lugar de quien sufre, ya sea una planta, animal o humano. Es darse cuenta cuando tenemos una enfermedad o molestia, lo que habrán sufrido otras personas con lo mismo o algo peor. Es aprovechar con sabidu-

ría, esta oportunidad para ganar méri-
tos, deseando que nuestro dolor sirva
para aliviar el ajeno.

No Permitas Que la Medida de Tus Pensamientos, Limite tus Logros

A lo mejor, tú tienes en tu futuro
cosas maravillosas que te pertenecen,
esperando por ti y no se pueden hacer
realidad, porque con tus pensamientos
de escasez, de pobreza, de limitaciones,
no los dejas manifestarse.

El Que Siembra, Cosecha

Es como querer ganarse la lotería sin
haberla comprado. Para cosechar hay
que sembrar. Y además, sembrar lo que
deseamos cosechar. Si vas sembrando
odios, cosecharás tempestades. Si vas
sembrando amor y comprensión, eso
recibirás y con añadidura.

Cuando Una Puerta se Cierra, Mil Ventanas se Abren

Muchas veces nos afligimos demasiado cuando vemos que se nos escapa una oportunidad. Lo mejor es lo que no sucede. No sabemos cuántas ventanas y puertas, y portones primorosos, maravillosos, pletóricos de oportunidades y bondades, están esperando para abrirse al paso nuestro por la vida.

"Para el Afligido, Todos los Días son Malos"

(Eclesiastés)

Y para el alegre, todos los días son felices. Porque la vida es según el cristal con que se mire. Y también: "todo el mundo habla de la feria, según como le fue en ella".

Cada Experiencia Enseña una Nueva Lección

Todo forma parte del aprendizaje de la vida. ¡Qué agradable es darnos cuenta de lo que estamos aprendiendo mientras vivimos! Cuando ya has hecho algo por primera vez, ya sabes cómo es y estás mejor preparado para continuar aprendiendo.

"En Este Mundo, Todo Tiene su Momento"

(Eclesiastés)

Para todo hay un momento. *"Hay una hora para todo cuanto ocurre"* Eclesiastés). La vida nos enseña a no ser impacientes, a saber darle tiempo al tiempo. Por más que te angusties, la planta que sembraste, no florecerá o dará frutos antes del tiempo estipulado.

La Palabra Expresa Poderes Espirituales

La Biblia nos habla del "verbo" o sea, la palabra. La palabra expresa el valor del pensamiento y de lo que un ser humano piensa y siente. La palabra tiene mucho poder. Aprende a utilizarla siempre bien.

"El Hombre Rabioso Hace Disparates"

(Eclesiastés)

Hay personas que se dejan dominar por su mal carácter. La ira es mala consejera. Aprende a controlarte. Eso es parte de aprender a vivir y a convivir. Cuando se hiere moralmente a una persona, es muy difícil restañar esa herida.

También Ora Por la Clase Gerencial de tu Nación

Aunque uno sea el último eslabón de la cadena, debería orar por quienes tienen la responsabilidad de hacer algo útil con ella. Si no tenemos una excelente clase gerencial en todos los ramos de la economía, la ciencia, las artes, los deportes, y la política del país, el barco se hunde. Si los ayudamos con nuestras oraciones, y nuestra buena intención, entre todos lo haremos mucho mejor.

Hoy es el Resultado de Cómo Has Vivido Hasta Ahora

Una persona que ha vivido desordenadamente, tiene por lógica, que terminar mal. Quien no sabe controlarse y disciplinarse, terminará absorbido por los vicios. Hoy se cosecha lo que se sembró ayer.

No Debes Juzgar Para no
Ser Juzgado

Especialmente en las cosas de moral, abstente de juzgar. Las apariencias engañan. Hay muchos atenuantes o motivaciones que nosotros no conocemos en determinadas situaciones. Incluso las leyes terrenales, tienen atenuantes. Lo mejor es no juzgar para no ser juzgados. Vivir, para dejar vivir.

Hoy es un Día Especial Para
Estrechar Los Lazos Familiares

Hoy deberías aprovechar para demostrarle a tu familia todo lo que la quieres y todo lo que aprecias sus cualidades. Hoy es un día para agradecer a Dios por la familia tan bella que te ha dado.

Si tus padres están vivos, no esperes a que no lo estén, para decirles lo agra-

decido que estás por todo lo hermoso
que te han dado: su amor, protección,
orientación, tiempo y sacrificio. Si tienes cónyuge e hijos, demuéstrales tus
sentimientos hoy mismo, a fin de que
sepan cuando tu ya no estés en este
plano, todo lo que los has amado, res-
petado... y que no se te quede nada por
dentro.

SI TODOS ORAMOS POR LOS VIOLENTOS, HABRÁ MENOS VIOLENCIA

Nuestras vibraciones afectan, ya sea
positiva o negativamente el ambiente
que nos rodea. La cantidad de críme-
nes, violencia, abusos sexuales, guerras,
etc., están afectando a nuestro planeta Tierra. Una forma de afectarlo posi-
tivamente, es llenándonos de amor y
de perdón. Oremos mucho por quie-

nes más lo necesitan: los violentos.
Enviándoles desde nuestro corazón al
suyo, mucha paz, mucho amor y mucho perdón.

Mañana Será un Día Mejor Que Hoy

Toda persona positiva, debe pensar
que aunque el día de hoy sea esplendo-
roso, el de mañana aún será mejor. Esto
la mantiene preparada para que cuando esté pasando un mal rato, un mal
día, un mal momento, sepa que es pa-
sajero. Después de la lluvia, siempre
sale el sol.

Yo Irradio Amor, Paz y Tolerancia

Si todos repitiéramos esta sencilla
frase, estaríamos llenos, inundados,
exudando por todos los poros, amor y

tolerancia. Todos los inconvenientes
nos parecerían tonterías. Y todo lo irí-
amos solucionando con una facilidad y
tranquilidad asombrosa. Se evitarían
tantos roces, disgustos, peleas y mal-
entendidos.

Yo Doy Todo Honor y Toda Gloria a Dios

A Dios, le gusta que nosotros, Sus
criaturas, le bendigamos y le agradez-
camos con frecuencia. Es lo menos que
podríamos hacer si en realidad com-
prendiéramos la gran cantidad de dones que nos está dando constantemente. Quien bendice y alaba a Dios, se está
beneficiando así mismo y llenándose
de múltiples bendiciones.

La Paz Del Planeta Nace en El Corazón de Cada Uno de Nosotros

Debemos comprender y entender que el sol nace para todos. Que nuestro hermoso planeta es suficientemente rico y generoso como para darnos de todo, a todos. Solamente necesitamos compartir trabajo, creatividad, responsabilidad y amor, para disfrutar en paz de todos los bienes que nos pertenecen a todos.

Deberás Aprovechar Este Día Para Saludar a Tus Amigos

Cualquier momento del año es bueno para acercarte a tantos buenos amigos que por la vorágine de la vida, se nos van esfumando en el espacio y en el tiempo. Si no tienen teléfono o no

lo sabes, no importa. Ve a visitarlos
para demostrarles tu afecto. Demués-
traselo no solamente con la visita, sino
con palabras cariñosas y efusivas. No
permitas que una buena amistad se
disipe por un malentendido, o por falta de frecuentarla.

COMIENZA A SER UNA ANTENA RETRANSMISORA DE AMOR, COMPRENSIÓN Y PAZ

El amor no solamente debemos sentirlo, sino ejercerlo. El amor desintere-
sado, es el que tiene verdadero valor.
Para enviar amor, no es necesario sentirlo, sino simplemente enviarlo. Ese
deseo hará el milagro de que se convierta en verdadero amor y así sea re-
cibido por quien es el receptor del mensaje.

APROVECHA ESTE DÍA PARA TENER ALGUNOS MINUTOS A SOLAS CON DIOS

La oración y la meditación son los medios más efectivos de conversar con Dios. La oración nos permite hablarle a Dios. La meditación nos da la posibilidad de oír la voz de Dios.

SEÑOR: LLÉNAME DE ALEGRÍA PARA QUE LA LUZ DE TU DIVINIDAD, QUE HAY DENTRO DE MÍ, SATURE MI MENTE

Y se revele a través de mí, a todos mis hermanos. Que donde yo ande, transmita a una gran distancia alrededor de mí, todos esos bellos dones que Tú me das. A fin de que se impregnen no solamente las personas, sino los ambientes y toda tu creación.

Cuando Las Cosas se Hacen Con Amor, Salen Bien

Abraham Lincoln decía que no solamente debemos hacer las cosas que amamos, (que nos gustan), sino amar, (poner empeño, interés, entusiasmos y alegría) a todo lo que hacemos o emprendemos. Si así obraras siempre, los resultados milagrosos serían sorprendentes.

Cuando Estás Lleno de Amor, La Vida es Esplendorosa

Llenarte de amor es muy fácil a pesar de todas las vicisitudes que se te presenten. Solamente necesitas desearlo, quererlo. En tus oraciones y/o meditaciones, pídele a Dios que te inunde de Su amor. Que todos los seres de Su creación: humanos, animales, vegetación y hasta minerales, sientan en tu cercanía, una gran paz y un profundo amor procedentes de Dios.

COMIENZO CON MUCHO OPTIMISMO Y CON MUCHA FE, ESTE DÍA MARAVILLOSO

El más maravilloso, de todos los días maravillosos de mi vida. Sin importar mi edad, mis condiciones de salud, mi sexo, mi lugar de nacimientos, ni mi origen, voy a alcanzar metas que jamás antes había alcanzado. Algunas de ellas, serán el inicio de algo más grande. Como por ejemplo: comenzar a estudiar algo que siempre he querido aprender. O iniciar un negocio, o comenzar un plan de ejercicios, etc.

Para Llegar a un Sitio, Tengo Que Empezar a Ir

O sea: emprender el camino. No esperaré hasta mañana. Lo inicio hoy mismo, preparando de una vez la estrategia a seguir para tener todo listo y así poder enfrentar todas las posibilidades.

Este es el Momento Preciso Para Reconsiderar mi Actitud Mental

Es el momento de recordar que mis emociones y yo, somos los únicos que decidimos sufrir, angustiarme, o ser feliz y disfrutar. Por lo tanto, comienzo ahora una programación completa sobre la forma que deseo pasar el resto de los días que tengo por delante. Nadie más puede hacerlo por mí.

¡Que Agradable es una Persona Oportuna!

"El que sabe contestar causa alegría"

Sería bueno que tomaras la Biblia y buscaras el libro del Eclesiastés y así podrías darte cuenta de la gran cantidad de consejos maravillosos que contiene. Muchos de los cuales vienen desde antes de Israel (más de tres mil quinientos años antes de nuestra era) y que sin embargo no pierden su actualidad. Este pensamiento en particular, se refiere a una persona sabia que siempre sabe dar la respuesta oportuna para cada ocasión. Tal como lo hizo Salomón, pídele a Dios que te conceda sabiduría y serás dueño de todo.

.oOo.

Mundo de Ángeles*, Éxito sin Límites*, El Poder Milagroso de los Salmos*.* Llewellyn en Español, St. Paul, MN, USA. **GLUZMAN, MARIO:** *Emmanuel, La Palabra Revelada.* **RAMÍREZ, ANTONIO:** *Energía Cósmica y Alquimia.* **AVENDAÑO, MAYENRIE:** *Conexión con las Aves.* **GUERRA, CONCHITA:** *Oraciones Angélicas Libro I y II, Tú Puedes ser un Ángel, Los Ángeles y los Niños.* **LOERO, LUIS ~ VALERO, MARCELO:** *Prohibido Envejecer, Guía Esotérica y Metafísica, La Verdad Científica y Esotérica Acerca de Los Chakras, Tres Verdades Metafísicas, No Te Niegues a Ti Mismo, El Espíritu de Navidad, Los Cristales y el Signo del Mes.* **QUIROZ, MARÍA:** *Adelgazar en Armonía Perfecta.* **LARRAZÁBAL, OSWALDO:** *Virgen de la Escarcha La Rosa Mística.* **VALLENILLA, EDGARD:** *Padre Nuestro.* **METAFÍSICA:** *Decretos (del Fuego Violeta la Ley del Perdón), El Propósito de la Actividad «Yo Soy» De los Maestros Ascendidos, Decretos de la Victoria.* **GARCÍA, JUAN CARLOS:** *La Vida del Metafísico.* **POWERS, FAITH:** *Shh... El Secreto es..., El Cielo y Tú, ¿Abundancia o Escasez?... esa es la pregunta.* **SÁNCHEZ, NESTOR:** *Venezuela La Nueva Jerusalem.* **LÓPEZ, ANTONIO:** *Usted es Más Grande de lo que Cree.* **CEDEÑO, RUBÉN:** *Siete Rayos, Su Majestad Saint Germain.* **MALET, DIEGO:** *Religión y Ciencia en Armonía.* **AFONSO, ADALBERTO:** *En Los Predios Interiores.* **VALLEISE, MARÍA:** *Contaminación.*